Saraswati Raju Iyer

Situação das Mulheres Marginalizadas no Sector Não Organizado

Saraswati Raju Iyer

Situação das Mulheres Marginalizadas no Sector Não Organizado

ScienciaScripts

Imprint

Any brand names and product names mentioned in this book are subject to trademark, brand or patent protection and are trademarks or registered trademarks of their respective holders. The use of brand names, product names, common names, trade names, product descriptions etc. even without a particular marking in this work is in no way to be construed to mean that such names may be regarded as unrestricted in respect of trademark and brand protection legislation and could thus be used by anyone.

Cover image: www.ingimage.com

This book is a translation from the original published under ISBN 978-620-2-06588-7.

Publisher:
Sciencia Scripts
is a trademark of
Dodo Books Indian Ocean Ltd. and OmniScriptum S.R.L publishing group

120 High Road, East Finchley, London, N2 9ED, United Kingdom
Str. Armeneasca 28/1, office 1, Chisinau MD-2012, Republic of Moldova, Europe
Printed at: see last page
ISBN: 978-620-7-86841-4

Índice

Introdução

"A capacitação das mulheres é um pré-requisito para a criação de uma boa nação. Quando as mulheres são capacitadas, a sociedade com estabilidade é assegurada. A capacitação das mulheres é essencial, uma vez que os seus sistemas de valores conduzem ao desenvolvimento de uma boa família, de uma boa sociedade e, em última análise, de uma boa nação" - Dr. A.P.J. Abdul Kalam

Trabalho organizado e não organizado na Índia

Na Índia, uma grande parte da força de trabalho está empregada no sector não organizado. O emprego não organizado / informal consiste em trabalhadores familiares causais e contribuintes; trabalhadores por conta própria no sector não organizado e em agregados familiares privados; e outros empregados em empresas organizadas e não organizadas que não são elegíveis para férias pagas, por doença ou anuais ou para quaisquer benefícios de segurança social concedidos pela entidade patronal. Observou-se que, entre a força de trabalho, a maioria são mulheres. A maioria das mulheres provém de comunidades marginalizadas.

De acordo com os resultados do inquérito nacional por amostragem efectuado em 1999-2000, a força de trabalho total em 1.1.2000 era da ordem dos 406 milhões. Cerca de 7% da força de trabalho total está empregada no sector formal ou organizado (todos os estabelecimentos do sector público e todos os estabelecimentos não agrícolas do sector privado com 10 ou mais trabalhadores), enquanto os restantes 93% trabalham no sector informal ou não organizado. A 55ª ronda do NSS, 1999-2000, também abrangeu as empresas não agrícolas do sector informal na Índia. De acordo com esse inquérito, havia 44,35 milhões de empresas e 79,71 milhões de trabalhadores empregados no sector informal não agrícola da economia. Entre estas, 25,01 milhões de empresas que empregavam 39,74 milhões de trabalhadores encontravam-se nas zonas rurais, enquanto 19,34 milhões de empresas com 39,97 milhões de trabalhadores se encontravam nas zonas urbanas. Entre os trabalhadores do sector informal, 70,21 milhões trabalham a tempo inteiro e 9,5 milhões a tempo parcial. A percentagem de trabalhadores do sexo feminino em relação ao total de trabalhadores é de 20,2 por cento.

As principais tendências do emprego no sector organizado e não organizado para os anos de 1983, 1987-88, 1993-94 e 1999-2000 mostram claramente que, ao longo deste período, uma grande parte da mão de obra na Índia está empregada no sector não organizado. Dos 397 milhões de trabalhadores em 1999-2000, estima-se que 369 milhões de trabalhadores (quase 93%) estão empregados no segmento não organizado da economia, enquanto apenas 28 milhões de trabalhadores (7%) estão empregados no sector organizado. A percentagem de emprego não organizado na economia tem revelado uma estabilidade notável ao longo dos anos. A percentagem de emprego informal aumentou de 92 por cento (cerca de 276 milhões em 300 milhões) em 1983 para 93 por cento em 1999-2000. É evidente que as oportunidades de emprego no sector organizado permaneceram mais ou menos estagnadas, apresentando apenas um aumento marginal de 24 milhões em 1983 para 28 milhões em 1999-2000.

O maior número de trabalhadores informais encontra-se na agricultura. De facto, 98,84% do emprego na agricultura é informal. No sector não agrícola, o maior número de trabalhadores informais encontra-se no comércio a retalho, na construção, nos transportes terrestres, nos têxteis, etc.

Assim, o sector não organizado desempenha um papel vital em termos de proporcionar oportunidades de emprego a um grande segmento da força de trabalho do país e contribui significativamente para o produto nacional.

A contribuição do sector não organizado para o produto interno líquido e a sua parte no total do produto interno bruto a preços correntes foi superior a 60%. No que diz respeito à poupança, a percentagem do sector doméstico no total da poupança interna bruta, principalmente do sector não organizado, é de cerca de três quartos. Assim, o sector não organizado desempenha um papel crucial na nossa economia em termos de emprego e da sua contribuição para o produto interno nacional, a poupança e a formação de capital.

Definições

Os trabalhadores não organizados (UW) na Índia aumentaram muitas vezes após a independência. Cerca de 52% dos UW estão envolvidos na agricultura e no sector afim e constituem mais de 90% da força de trabalho. As UW também contribuem em 50% para o PIB (de acordo com a Comissão Nacional para as Empresas do Sector Desorganizado, ou seja, a NCEUS). Por conseguinte, é da maior importância analisar a situação desta classe atingida pela pobreza e oprimida da Índia.

•   De acordo com a definição do "Ministério do Trabalho e do Emprego", entende-se por sector não organizado *uma empresa que é propriedade de indivíduos ou de trabalhadores independentes* e que se dedica à produção ou venda de bens ou à prestação de serviços de qualquer tipo e, quando a empresa emprega trabalhadores, o número desses *trabalhadores é inferior a dez.*

•   Por "trabalhador não organizado" (UW) entende-se um trabalhador domiciliário, um trabalhador independente ou um trabalhador assalariado do sector não organizado e inclui um trabalhador do sector organizado que não esteja abrangido por nenhuma das leis mencionadas no Anexo II da Lei Social dos Trabalhadores Não Organizados de 2008.

•   O trabalho é uma matéria abrangida pela lista concorrente.

•   Mahatma Gandhi National Rural Employment Guarantee Act (MNREGA): o programa emblemático não é implementado pelo Ministério do Trabalho e do Emprego (LEM), mas sim pelo Ministério do Desenvolvimento Rural. O LEM não tem qualquer influência no MNREGA.

Classificação dos trabalhadores não organizados (UW)

De acordo com as estatísticas do Ministério do Trabalho (2008), a UW é classificada em quatro grupos:

1. Por profissão

2. Por natureza do emprego

3. Categoria de serviço

4. Categoria especial

Características do Sector Informal / Não Organizado

1. Baixa produtividade em comparação com o sector formal

2. Salários mais baixos para os trabalhadores

3. Más condições de trabalho

4. Sazonalidade excessiva do emprego

5. Ausência de medidas de segurança social

6. Negação da norma social

7. Fraca base de capital humano (em termos de educação, competências e formação), bem como um menor grau de mobilização da força de trabalho

8. Qualquer ação judicial eficaz contra ela é vista como um passo para prejudicar

Características dos trabalhadores não organizados (UW)

- Têm poucas ou nenhumas habilitações literárias ou outras competências.

- Estão muito dispersos e não dispõem de grupos de pressão política

- Não têm empregos fixos, ou seja, têm sazonalidade, em comparação com os trabalhadores do sector formal.

- A estratificação social é mais acentuada nas zonas rurais, com base na casta e nas sub-castas.

- Ainda hoje, em alguns casos, actuam como "trabalho forçado" devido aos baixos rendimentos e ao endividamento permanente.

- A legislação laboral que lhes diz respeito é insuficiente.

- Trabalhar num ambiente de trabalho muito mau.

Mulheres no sector não organizado

O termo sector não organizado foi utilizado pela primeira vez por Hart em 1971, que descreveu o sector não organizado como a parte da força de trabalho urbana que não se insere no mercado de trabalho organizado. No sector não organizado, as situações de trabalho não constam dos registos oficiais e as condições de trabalho não são protegidas por lei. Assim, os problemas das trabalhadoras do sector não organizado não são devidamente conhecidos. Hart salientou que um dos principais problemas é o facto de as condições de trabalho serem piores. Devido ao crescimento da população e à migração urbana, a força de trabalho ativa estava a crescer a um ritmo muito mais rápido do que a disponibilidade de empregos no sector organizado. O enfoque das políticas de desenvolvimento estava a mudar gradualmente do puro crescimento económico para o crescimento com equidade e a erradicação da pobreza. Assim, foi despertado o interesse por sectores fora da economia organizada que proporcionavam meios de subsistência a uma grande parte dos pobres. Assim, nasceu o conceito de sector não organizado. Na definição do sector não organizado, incluem-se também os trabalhadores por conta própria com ou sem mão de obra familiar e as microempresas com menos de cinco trabalhadores.

A situação das mulheres trabalhadoras no sector não organizado

O estatuto das mulheres na Índia tem sido objeto de grandes mudanças ao longo dos últimos milénios. Desde o estatuto de igualdade com os homens na antiguidade, passando pelos pontos baixos do período medieval, até à promoção da igualdade de direitos por muitos reformadores, a história das mulheres na Índia tem sido muito movimentada. Avaliar, promover e monitorizar o estatuto das mulheres é uma necessidade atual por muitas razões convincentes e prementes. A principal razão é que o bem-estar de um agregado familiar está centrado no bem-estar e no estatuto das mulheres. Quando o estatuto das mulheres é melhorado, aumenta a qualidade dos recursos humanos disponíveis para o desenvolvimento. Na Índia moderna, as mulheres têm ocupado altos cargos na Índia, incluindo o de Presidente, Primeiro-Ministro, Presidente do Lok Sabha, Líder da Oposição, etc. Basta escolher o domínio e ela está lá, superando as suas capacidades.

Desde tempos imemoriais, o valor do trabalho efectuado ou dos serviços prestados pelas mulheres não tem sido reconhecido. A Índia é uma sociedade multifacetada em que nenhuma generalização se pode aplicar aos vários grupos regionais, religiosos, sociais e económicos de toda a nação. No entanto, certas circunstâncias gerais em que vivem as mulheres indianas afectam a forma como participam na economia. A sociedade indiana é extremamente hierárquica, com praticamente toda a gente hierarquizada em relação aos outros, de acordo com a sua casta (ou grupo de castas), classe, riqueza e poder.

O mercado de trabalho dos países em desenvolvimento é muito diferente do dos países desenvolvidos. A caraterística mais marcante dos mercados de trabalho nos países em desenvolvimento é o seu carácter não homogéneo. Os mercados de trabalho destes dois mundos diferem na sua composição setorial, sendo a grande maioria do emprego nos sectores não agrícolas no mundo desenvolvido, enquanto o mundo em desenvolvimento continua a ser predominantemente agrícola. O estatuto da grande maioria dos trabalhadores nos países desenvolvidos é o de assalariados, enquanto nos países em desenvolvimento predomina o trabalho por conta própria. Este carácter não homogéneo dos mercados de trabalho nos países em desenvolvimento implica também que a natureza do emprego e a forma como é criado são diferentes nos dois mundos. "Quase todo o emprego nas economias desenvolvidas é criado dentro do quadro institucional reconhecido, uma vez que os agentes económicos que criam esses empregos operam dentro das leis e regulamentos existentes". Estes agentes económicos são o governo e as empresas privadas, incluindo entidades não empresariais, e o emprego assim criado rege-se pelas leis e regulamentos laborais em vigor. Em contrapartida, nos países em desenvolvimento, a grande maioria da população é deixada à sua sorte e cria emprego com base no seu próprio engenho, competências e capital. Este facto conduz a grandes diferenças na natureza do emprego e à criação de uma estrutura dualista de componentes "formais" e "informais" dos mercados de trabalho. As razões para o crescimento do sector informal são importantes do ponto de vista do desenvolvimento de políticas. Seja qual for a razão, o crescimento do sector informal nos mercados de trabalho emergentes é inevitável. O emprego das mulheres no sector informal também é suscetível de aumentar devido a várias razões. Com a adoção do programa de ajustamento estrutural, as mulheres tendem a perder terreno nos sectores formais da economia. A estagnação e a diminuição dos rendimentos dos agregados familiares devido ao fraco desempenho da economia também conduzem a uma maior entrada das mulheres no mercado de trabalho. De acordo com a Constituição da Índia, as mulheres são cidadãs legais do país e têm direitos iguais aos dos homens (Parlamento indiano). Devido à falta de aceitação por parte da sociedade dominante masculina, as mulheres indianas sofrem imenso. As mulheres são responsáveis por ter filhos, mas são subnutridas e têm uma saúde precária. As mulheres são também sobrecarregadas com trabalho no campo e têm de efetuar todo o trabalho doméstico. A maioria das mulheres indianas não tem formação académica. Embora a Constituição do país estabeleça que as mulheres têm um estatuto igual ao dos homens, as mulheres não têm poder e são maltratadas dentro e fora de casa. O processo de globalização, a industrialização orientada para a exportação e a deslocalização de indústrias dos países desenvolvidos para os países em desenvolvimento também conduzem ao aumento do emprego no sector informal. O emprego das mulheres é frequentemente favorecido em muitas destas indústrias.

Emprego no sector informal

O conceito mais amplo de "emprego informal" foi definido pela 17ª ICLS como todos os empregos informais, quer sejam realizados em empresas do sector formal, em empresas do sector informal ou em agregados familiares - "considera-se que os trabalhadores têm empregos informais se a sua relação de trabalho não estiver, na lei ou na prática, sujeita à legislação laboral, ao imposto sobre o rendimento, à proteção social ou ao direito a determinados benefícios laborais". O emprego informal inclui as pessoas empregadas no sector informal, incluindo:

Trabalhadores por conta própria (independentes) nas suas próprias empresas informais; Empregadores em empresas informais; Empregados de empresas informais; Trabalhadores familiares contribuintes que trabalham em empresas do sector informal; e Membros de cooperativas de produtores informais

Mulheres trabalhadoras no sector da construção

A grande maioria da força de trabalho da Índia está no sector não organizado. Na ausência de oportunidades económicas nos seus próprios estados, muitos trabalhadores migram para outros estados da Índia à procura de emprego. O sector da construção depende quase inteiramente dos trabalhadores migrantes, a maioria dos quais são mulheres. Um dos objectivos deste trabalho de investigação é lançar luz sobre os problemas socioeconómicos enfrentados por uma parte das mulheres trabalhadoras da indústria da construção. Estas trabalhadoras têm uma vida muito dura. Apesar de estarem ativamente envolvidas em actividades económicas para sobreviverem, a gravidez e a criação dos filhos continuam a ser a sua principal responsabilidade, pelo que acabam por desempenhar papéis tanto na produção como na reprodução.

São vários os problemas enfrentados pelas mulheres trabalhadoras no sector não organizado, comprovados pelos investigadores. Um estudo sobre as condições socioeconómicas e os problemas das trabalhadoras migrantes em Thuvakudi, no distrito de Trichy, revelou que as trabalhadoras migrantes enfrentam vários problemas, tais como salários baixos, riscos para a saúde, exploração sexual e negação dos seus direitos fundamentais. Através deste estudo, o investigador pretende analisar a vida destas trabalhadoras migrantes. Os objectivos específicos do estudo são identificar o estatuto profissional e económico, os serviços de cuidados infantis disponíveis, os problemas de saúde e a exploração enfrentados pelas trabalhadoras migrantes e as expectativas das trabalhadoras migrantes. A conceção da investigação utilizada para este estudo é descritiva. A estratégia de amostragem utilizada é aleatória simples através do método da lotaria. Os dados foram recolhidos junto de 100 inquiridos utilizando um programa de entrevistas e entrevistando diretamente os inquiridos. O estudo revela que cinquenta e oito por cento dos inquiridos pertencem ao grupo etário dos 20-40 anos; sessenta e cinco por cento dos inquiridos são casados. Talvez os seus compromissos familiares após o casamento tenham forçado as pessoas casadas a trabalhar. A maioria dos inquiridos, 98%, emigrou no interior do Estado de Tamil Nadu e 76% emigraram das zonas rurais para as zonas urbanas devido à pobreza, ao desemprego e aos salários mais baixos na sua terra natal. Oitenta e sete por cento afirmam que são realizados programas de segurança para garantir a segurança dos trabalhadores. Oitenta e sete por cento afirmam que não conseguem poupar dinheiro dos seus rendimentos. Quarenta e seis por cento dos inquiridos estão muito insatisfeitos com as suas condições de trabalho. A maioria dos inquiridos, setenta e seis por cento, não recebe benefícios da segurança social, como o subsídio de maternidade. Sessenta e seis por cento dos inquiridos esperam do governo e da agência educação, cuidados infantis e alojamento adequado. As leis laborais existentes devem ser rigorosamente aplicadas para salvar as trabalhadoras migrantes da exploração e para que recebam os salários a que têm direito. A sensibilização para os direitos e as políticas das mulheres trabalhadoras migrantes irá certamente mudar as suas vidas no futuro.

Um estudo sobre as condições de trabalho e de vida dos trabalhadores do sector não organizado observou que as mulheres trabalhadoras representam cerca de metade do PIB do nosso país. Esta preponderância de trabalhadores não organizados ocupa quase 90% da força de trabalho nacional. Este sector caracteriza-se pelo emprego sazonal (no sector agrícola), pelo trabalho contratual, pela ausência de legislação em matéria de segurança social e de assistência social, pela ausência de direitos e de salários mínimos. A falta de competências e de educação, a escassez de novas vagas no sector organizado, o desconhecimento dos direitos legais, a qualidade de trabalho e os termos de serviço deficientes atraem a mão de obra para o vórtice disponível do sector não organizado. Neste sector, os trabalhadores enfrentam problemas como más condições de saúde, vida profissional precária, assédio no trabalho, estrutura salarial inadequada e desigual, longas horas de trabalho, más condições de alojamento, falta de medidas de segurança, atrocidades contra as mulheres trabalhadoras e falta de educação adequada para os filhos dos trabalhadores. Para melhorar as condições de trabalho e de vida dos trabalhadores não organizados, é necessária a intervenção do governo, tomando as medidas necessárias a nível jurídico e político. No presente documento, o investigador tenta compreender a investigação relacionada com as condições de trabalho e de vida dos trabalhadores do sector não organizado e identificar as lacunas para investigação futura. Panorama geral O termo "sector não organizado" foi definido pela Comissão

Nacional para as Empresas do Sector Não Organizado (NCEUS) do Governo da Índia como o sector que "consiste em todas as empresas privadas não constituídas em sociedade, propriedade de indivíduos ou agregados familiares, que se dedicam à venda ou produção de bens e serviços, operadas numa base de propriedade ou parceria e com menos de dez trabalhadores no total" (Report on Conditions of Work and Promotion of Livelihoods in the Unorganized Sector. Fundação Académica, 1 de janeiro de 2008, p.1774). A entrada fácil, as operações locais, o estatuto jurídico ambíguo, a necessidade imediata de mão de obra, o défice de educação e de competências, a ausência de regulamentação fixa em matéria de horas de trabalho ou de pagamento, a fraca taxa de reparação, o desconhecimento e a falta de uma possível intervenção e ajuda governamentais caracterizam este sector. Empregadas domésticas, trabalhadores da construção civil (migrantes ou não), motoristas, pedreiros, carpinteiros, vendedores ambulantes, fabricantes de paus de incenso e de beedi e muitos outros fazem parte deste sector informal. Os trabalhadores do sector não organizado têm menos segurança no emprego e menos possibilidades de crescimento, não têm licenças nem férias pagas e estão menos protegidos contra os empregadores que recorrem a práticas desleais ou ilegais.

Trabalhadoras do sector doméstico

De acordo com a Organização Internacional do Trabalho (OIT), "dezenas de milhões" de trabalhadores domésticos prestam serviços essenciais que permitem a outras pessoas trabalhar fora de casa. Assim, os trabalhadores domésticos ajudam a manter os mercados de trabalho e as economias a funcionar em todo o mundo.

A maioria dos trabalhadores domésticos, embora não todos, são mulheres. A grande maioria pertence aos sectores mais pobres da sociedade (OIT 2007).

Natureza do trabalho realizado no sector doméstico

Os trabalhadores domésticos trabalham em casa de outras pessoas, mediante remuneração, prestando uma série de serviços: varrem e limpam; lavam roupa e louça; fazem compras e cozinham; cuidam de crianças, idosos e deficientes; prestam serviços de jardinagem, condução e segurança. Alguns vivem nas instalações do seu empregador. Outras trabalham a tempo parcial, muitas vezes para vários empregadores. As mulheres concentram-se nos serviços de limpeza e de cuidados, enquanto os homens tendem a ter os empregos mais bem pagos como jardineiros, motoristas ou seguranças.

A situação das mulheres no sector doméstico

Os trabalhadores domésticos tendem a ter salários mais baixos, menos benefícios e menos protecções legais ou sociais em comparação com a maioria dos outros trabalhadores assalariados, com a provável exceção dos diaristas ocasionais e dos trabalhadores industriais externos. Muito poucos trabalhadores domésticos têm contratos de trabalho. Normalmente, não têm licença de maternidade, cuidados de saúde ou pensões.

De acordo com Ramirez-Machado 2003:64: "Em muitos países, estão excluídos da legislação laboral e da proteção da segurança social, ou aplicam-se normas inferiores. Mesmo nos casos em que existem leis de proteção, estas são frequentemente ignoradas pelos empregadores e não são aplicadas pelas autoridades. Um relatório do BIT que examinava a legislação relativa aos trabalhadores domésticos em mais de 60 países observava que, "independentemente da forma como o trabalho doméstico é regulado pelas leis nacionais, as normas relativas ao trabalho doméstico são inferiores às normas laborais estabelecidas para outras categorias de trabalhadores".

Desafios específicos enfrentados pelas mulheres no sector doméstico

Certas categorias de trabalhadores domésticos enfrentam condições de trabalho específicas que agravam as desvantagens. Os trabalhadores domésticos que vivem no domicílio estão mais isolados, têm menos privacidade e uma mobilidade mais limitada, trabalham mais horas e recebem uma maior percentagem de pagamentos em espécie (como a alimentação). As condições de vida são frequentemente inferiores às normas. São também mais vulneráveis a abusos físicos e sexuais por parte dos empregadores.

Os trabalhadores domésticos migrantes vivem muitas vezes em casa dos empregadores, enfrentando não só os desafios de uma casa onde vivem, mas também abusos no sistema de recrutamento e por parte da polícia e das autoridades de imigração, incluindo o pagamento de comissões adiantadas, a retenção de salários e passaportes e o assédio verbal, físico ou sexual. Para proteger os trabalhadores domésticos migrantes, são necessárias leis e regulamentos a nível internacional e tanto nos países de origem como nos países de acolhimento.

As trabalhadoras domésticas vítimas de tráfico enfrentam os mesmos desafios que os trabalhadores domésticos migrantes, mas estes são agravados pelas operações "extra-legais" dos seus recrutadores e pelas condições de quase servidão em que podem viver. Alguns recrutadores ficam com os passaportes dos trabalhadores. Por último, as crianças trabalhadoras domésticas requerem uma atenção especial.

Mulheres trabalhadoras no sector agrícola

A dignidade das mulheres depende em grande medida da disponibilidade de emprego para as mulheres. A essência casual do emprego, a ausência de oportunidades de progresso, a falta de competências necessárias, a segregação do trabalho, os salários desiguais, os ambientes de trabalho corruptos, a comercialização e a mecanização da agricultura são alguns dos problemas que têm oprimido as trabalhadoras agrícolas. A concentração de um grande número de mulheres neste sector também reduziu a capacidade de negociação das trabalhadoras. Afecta também o padrão salarial destas trabalhadoras. A presença das mulheres no mercado de trabalho é determinada pela sua situação familiar, pela educação, pelo aumento das oportunidades de emprego e pelo nível normal de ação fiscal. A presença do trabalho feminino na agricultura depende da gravidade e do crescimento da agricultura

No sector agrícola, as mulheres continuam a enfrentar desafios e problemas ainda hoje, especialmente num país em desenvolvimento como o nosso. Este debate sobre os múltiplos desafios que as mulheres enfrentam nas explorações agrícolas das economias em desenvolvimento, incluindo a procura de soluções sensíveis ao género para reduzir o trabalho árduo envolvido no trabalho agrícola através de uma melhor inovação tecnológica, é um dos temas de relevância contemporânea. Desde a sementeira até à venda de produtos agrícolas, o papel das mulheres na agricultura tem sido reconhecido a nível mundial, pelo que é necessário encontrar formas de capacitar as mulheres para alcançarem uma maior produtividade, sendo a redução do trabalho pesado um aspeto importante.

As mulheres constituem 43% dos trabalhadores agrícolas em grande parte do mundo em desenvolvimento, a maioria das quais é obrigada a sobreviver com menos acesso a recursos como a água, os fertilizantes e os mercados do que os homens. Os peritos afirmam que, se estes serviços básicos fossem prestados às mulheres, a produtividade agrícola poderia aumentar 20-25% para garantir a segurança alimentar e reduzir a fome numa altura em que a fatura da importação de alimentos está a aumentar.

De acordo com um comunicado do Fórum Mundial sobre Investigação Agrícola, sediado em Roma, um melhor acesso das mulheres à agricultura poderia reduzir o número de pessoas com fome em 12-17%, ou seja, 100-150 milhões. Na Índia, a dimensão do género na agricultura e a sua ligação com a nutrição são reveladas pelos números. Cerca de 40% das crianças indianas e um terço das mulheres indianas têm peso a menos, de acordo com o Inquérito Nacional de Saúde Familiar de 2005-06. Cerca de 80% das mulheres rurais estão envolvidas em actividades agrícolas, mondando, transplantando e colhendo com ferramentas rudimentares.

Estão já em curso pequenos esforços para aliviar as dificuldades enfrentadas pelas mulheres agricultoras. Para promover ferramentas e equipamentos mais bem concebidos, a Direção de Investigação sobre as Mulheres na Agricultura (DRWA), que faz parte do ICAR, está a preparar um índice de trabalho pesado a nível nacional para medir o tempo e a frequência da participação das mulheres nas operações agrícolas.

A melhoria da tecnologia reduzirá a carga de trabalho e aumentará a eficiência das operações agrícolas.

Atualmente, grande parte do equipamento não está adaptado às mulheres. A nossa missão é aperfeiçoar a tecnologia (com) uma perspetiva de género. Cerca de duas dúzias de implementos agrícolas já foram aperfeiçoados em colaboração com universidades agrícolas estatais de todo o país. Entretanto, o Instituto Central de

Engenharia Agrícola iniciou um exercício de personalização de ferramentas para as mulheres. Mas um desafio muito maior seria alargar o alcance destes produtos. A Índia precisa de aumentar os recursos para encontrar soluções mais rapidamente. Precisamos de criar as bases correctas para dar escala à agenda.

Desafios enfrentados pelas mulheres no sector agrícola

As mulheres agricultoras são frequentemente confrontadas com desafios no mercado agrícola. Eis seis obstáculos comuns que as impedem de participar no processo de capacitação das mulheres. As mulheres representam uma parte significativa da força de trabalho agrícola, constituindo uma média de 43% nos países em desenvolvimento; representando aproximadamente 50% na África Subsariana.

No entanto, estes agricultores são frequentemente confrontados com desafios quando tentam aceder ao mercado agrícola.

1. Acesso à terra

As mulheres produzem 80 por cento das colheitas e possuem cerca de um por cento das terras. Este facto ilustra a falta de segurança na propriedade e, na maioria dos casos, o um por cento que possui parcelas mais pequenas é propriedade de homens que são menos férteis.

O facto de dar às mulheres o mesmo acesso que os homens aos recursos agrícolas poderia aumentar

produção nas explorações agrícolas das mulheres nos países em desenvolvimento em 20 a 30 por cento.

2. Acesso ao financiamento

As mulheres tendem a enfrentar maiores desafios quando se trata de obter crédito. Em geral, têm menos experiência com os meandros da contração de um empréstimo junto de uma instituição e, sem assistência e apoio, têm dificuldade em aceder ao tão necessário financiamento.

As mulheres recebem sete por cento dos serviços de extensão agrícola e menos de dez por cento do crédito oferecido aos pequenos agricultores.

3. Acesso limitado a novas práticas

A maior parte da extensão agrícola centra-se na agricultura comercial em grande escala, sendo limitada a investigação conduzida sobre técnicas de pequena agricultura, que são frequentemente propriedade de mulheres.

4. Acesso limitado aos avanços tecnológicos

A tecnologia mais avançada inclui charruas, cultivadores, plantadores, ceifeiras e equipamento de irrigação. A maioria destes avanços destina-se a um público masculino específico, com melhorias destinadas a satisfazer as suas necessidades.

As mulheres agricultoras carecem frequentemente do saber-fazer e da confiança necessários para utilizar as tecnologias melhoradas e a maior parte das novas tecnologias.

5. Menos oportunidades de mercado

A falta de estudos de mercado e de informação limita o acesso das mulheres agricultoras às oportunidades de mercado. As mulheres estão confinadas aos mercados locais, onde os preços são geralmente mais baixos do que nos mercados urbanos.

6. Falta de infra-estruturas

O acesso ao transporte e à logística melhoraria a mobilidade das mulheres agricultoras e estas poderiam vender mais dos seus produtos agrícolas a tempo.

A capacitação e o investimento nas mulheres, especificamente nas zonas rurais, aumentarão significativamente a produtividade, reduzindo simultaneamente a fome e a subnutrição.

Trabalhadores do sector não organizado - privados de regimes de segurança social

Mais de 90 por cento da mão de obra na Índia faz parte do sector não organizado. Mesmo os benefícios de vários esquemas iniciados para o seu bem-estar estão a revelar-se ineficazes devido à fraca implementação pelas respectivas autoridades governamentais. É necessário que o Centro e os governos estaduais implementem corretamente os programas de proteção social. A maior parte dos nossos trabalhadores pertence ao sector do trabalho não organizado. Dos 46 milhões de trabalhadores, 14 milhões são mulheres. Todos os estados têm programas de redução da pobreza, mas os benefícios não chegam até elas. A maior parte da força de trabalho do sector não organizado recebe salários inferiores ao salário mínimo fixado. Embora exista uma lei de proteção dos trabalhadores da construção, as autoridades responsáveis pela sua aplicação têm mostrado pouca sensibilidade.

Esta é também uma questão de direitos humanos e "quando fazemos justiça, as pessoas pobres não devem ficar em desvantagem. Elas não podem dar-se ao luxo de lutar". A Autoridade Nacional de Serviços Jurídicos (NLSA) concebeu o Regime de Serviços Jurídicos para os Trabalhadores do Sector Desorganizado de 2010, que permite à NLSA e às Autoridades Estaduais de Serviços Jurídicos actuarem como guardiãs da aplicação rápida de regimes benéficos.

Temos de criar uma segurança de contingência para os trabalhadores não organizados, a par dos regimes de segurança social. A Índia tem um Índice de Desenvolvimento Humano de 0,162% e ocupa o 134º lugar entre 180 países onde 1/3º da população total vive abaixo do limiar da pobreza.

São muito escassos os montantes despendidos em regimes de proteção social, como a pensão para idosos, a distribuição de cobertores e a aquisição de ambulâncias. É necessário reconhecer devidamente os trabalhadores que se dedicam ao trabalho não organizado, como as empregadas domésticas, os vendedores de jornais, os vendedores de frutas e legumes e os apanhadores de trapos, a fim de proteger os seus direitos sociais, económicos e jurídicos.

Problemas das mulheres no sector não organizado

Um grande número de mulheres das zonas rurais migra para as cidades e vilas de toda a Índia. A maioria destas mulheres e raparigas são analfabetas e não qualificadas. Trabalham em condições desumanas nas cidades, pois o seu nível de vida é extremamente baixo. É um facto reconhecido que ainda não existe nenhuma sociedade no mundo em que as mulheres trabalhadoras tenham as mesmas oportunidades que os homens.

De acordo com o censo de 2001, cerca de 96% das mulheres trabalhadoras na Índia estão no sector não organizado. As mulheres do sector não organizado enfrentam muitos problemas, entre os quais os principais são

1. Falta de educação: O analfabetismo é o maior problema porque não têm tempo para se educarem. Na infância, têm de começar a trabalhar cedo, o que não lhes permite ir à escola.

2. Competências e conhecimentos insuficientes: A maioria das mulheres não possui formação e competências adequadas às suas tarefas. O resultado é um stress excessivo e um trabalho ineficaz.

3. Exploração da mão de obra feminina: As trabalhadoras são mais vulneráveis à exploração por parte da entidade patronal. Podem ser facilmente ameaçadas de perder o seu emprego em troca de favores indecentes.

4. Insegurança no emprego: A ausência de uma legislação forte que controle o sector não organizado torna o trabalho altamente inseguro neste sector.

5. Atitude não solidária do empregador: A natureza temporária do emprego neste sector não permite que a ligação entre o trabalhador e o empregador se estabeleça e se torne forte.

6. Pressão laboral extrema: As mulheres estão sobrecarregadas de trabalho, trabalham o dobro das horas que os homens trabalham. No sector agrícola, a situação é mais grave. Quando medida em termos do número de tarefas executadas e do tempo total despendido, é superior a

homens, de acordo com um estudo realizado nos Himalaias que concluiu que, numa quinta de um hectare, um par de

um novilho trabalha 1064 horas, um homem 1212 horas e uma mulher 3485 horas num ano.

7. Pagamento irregular de salários: No sector não organizado, não existem processos controlados, o que resulta no pagamento intempestivo dos salários aos trabalhadores. Quando se trata do pagamento às mulheres, a situação é ainda pior.

8. Discriminação salarial: As mulheres não recebem uma remuneração semelhante à dos homens pelo mesmo trabalho.

9. Emprego sazonal: Muitas das indústrias do sector não organizado são sazonais. Estas indústrias incluem a transformação de frutos, o fabrico de pickles, o sector agrícola, o sector da construção, etc. Têm de procurar outro emprego quando não há trabalho durante a época baixa.

10. Problemas físicos: As condições de trabalho não são saudáveis. O local de trabalho não está concebido de forma ergonómica. Por este facto, os trabalhadores enfrentam problemas físicos resultantes da fadiga. As trabalhadoras desempenham sobretudo tarefas em que têm de permanecer na mesma posição, como é o caso da agricultura. Isto resulta em problemas graves, como dores nas costas e nos joelhos.

Condições de trabalho das mulheres

As mulheres estão sobrecarregadas de trabalho

As mulheres trabalham cerca do dobro do número de horas que os homens. O contributo das mulheres para a agricultura - quer se trate de agricultura de subsistência ou de agricultura comercial - quando medido em termos do número de tarefas efectuadas e do tempo despendido, é superior ao dos homens. "A dimensão da contribuição das mulheres é bem evidenciada por um microestudo realizado nos Himalaias indianos, que concluiu que, numa exploração agrícola de um hectare, um par de novilhos trabalha 1 064 horas, um homem 1 212 horas e uma mulher 3 485 horas por ano." Em Andhra Pradesh, (Mies 1986) constatou que o dia de trabalho de uma mulher trabalhadora agrícola durante a época agrícola dura 15 horas, das 4 da manhã às 8 da noite, com uma hora de descanso pelo meio. O seu homólogo masculino trabalha durante sete a oito horas, das 5 às 10 ou 11 horas e das 15 às 17 horas. Um outro estudo sobre o tempo e a energia despendidos por homens e mulheres no trabalho agrícola (Batliwala, 1982) concluiu que 53% do total de horas de trabalho humano por agregado familiar é contribuído pelas mulheres, em comparação com 31% pelos homens. A restante contribuição provém das crianças.

A ligação entre as actividades agrícolas e o domínio masculino é descrita por Roy Burman (in Menon 1991):

A ansiedade do homem em monopolizar a sua habilidade na cultura do arado reflecte-se no tabu que se observa em quase toda a Índia, contra o manuseamento do arado pelas mulheres. Em muitas sociedades, nem sequer lhe é permitido tocar-lhe.

Mies observou ainda que "enquanto as operações realizadas pelos homens eram aquelas que implicavam a utilização de máquinas e animais de tração, utilizando assim energia animal, hidráulica, mecânica ou eléctrica, as mulheres dependiam quase sempre do trabalho manual, utilizando apenas a sua própria energia". A transplantação de arroz, a tarefa mais árdua e trabalhosa da cultura do arroz, é efectuada inteiramente por mulheres, sem a ajuda de quaisquer ferramentas. "Não só as mulheres executam mais tarefas, como também o seu trabalho é mais árduo do que o dos homens. Tanto a transplantação como a monda exigem que as mulheres passem o dia inteiro a trabalhar com as mãos num solo lamacento. Além disso, trabalham o dia inteiro sob um sol muito quente, ao passo que o trabalho dos homens, como lavrar e regar os campos, é invariavelmente efectuado de manhã cedo, antes que o sol fique demasiado quente. Mies argumenta que, pelo facto de o trabalho das mulheres, ao contrário do dos homens, não envolver utensílios e se basear em grande medida na energia humana, é considerado não qualificado e, por conseguinte, menos produtivo. Nesta base, as mulheres recebem invariavelmente salários mais baixos, apesar de trabalharem mais e durante mais horas do que os homens".

Condições de trabalho resultam em partos prematuros e natimortos

As tarefas desempenhadas pelas mulheres são normalmente aquelas que exigem que permaneçam numa posição durante longos períodos de tempo, o que pode afetar negativamente a sua saúde reprodutiva. Um estudo realizado numa zona de cultivo de arroz na costa de Maharashtra revelou que 40% de todas as mortes infantis ocorreram nos meses de julho a outubro. O estudo concluiu também que a maioria dos nascimentos eram prematuros ou nados-mortos. O estudo atribuiu este facto à posição de cócoras que tinha de ser assumida durante julho e agosto, os meses de transplantação do arroz.

Invisibilidade do trabalho das mulheres

A invisibilidade do trabalho das mulheres: O trabalho das mulheres é raramente reconhecido: Muitos defendem que a dependência económica das mulheres em relação aos homens tem impacto no seu poder no seio da família. Com uma maior participação em actividades lucrativas, não só haverá mais rendimentos para a família, como também a desigualdade de género poderá ser reduzida. Esta questão é particularmente importante na Índia, porque os estudos mostram um nível muito baixo de participação das mulheres na força de trabalho. Esta subnotificação é atribuída à ideia frequente de que o trabalho das mulheres não é economicamente produtivo. Se todas as actividades - incluindo a manutenção de hortas e de aves de capoeira, a moagem de cereais, a recolha de água e de lenha, etc. - forem tidas em conta, então 88% das donas de casa rurais e 66% das donas de casa urbanas podem ser consideradas economicamente produtivas.

O trabalho das mulheres nas explorações familiares ou nas empresas raramente é reconhecido como economicamente produtivo, quer pelos homens quer pelas mulheres. Além disso, qualquer rendimento gerado por este trabalho é geralmente controlado pelos homens. É pouco provável que este tipo de trabalho aumente a participação das mulheres na afetação das finanças familiares. Num estudo de 1992 sobre trabalhadores têxteis de base familiar, as crianças do sexo masculino que ajudavam numa fábrica de teares manuais em casa recebiam dinheiro de bolso, mas as mulheres e raparigas adultas não.

O impacto da tecnologia nas mulheres

A passagem de uma economia de subsistência para uma economia de mercado tem um impacto negativo dramático nas mulheres. Nos casos em que a tecnologia foi introduzida em áreas onde as mulheres trabalhavam, as trabalhadoras foram frequentemente substituídas por homens. A debulha de cereais era uma tarefa quase exclusivamente feminina e, com a introdução de debulhadoras automáticas de cereais - que só são accionadas por homens - as mulheres perderam uma importante fonte de rendimento. **As mulheres são maltratadas**

A violência contra as mulheres e as raparigas é a violação dos direitos humanos mais generalizada no mundo de hoje. As mulheres são obrigadas a trabalhar em casa por salários escassos e sem segurança social. No entanto, as condições de trabalho das mulheres neste sector estão a melhorar. As mulheres são vítimas de muito assédio sexual durante o exercício da sua atividade profissional. Devido à sua incapacidade de trabalhar durante longas horas, não são empregadas em posições sensíveis ou cruciais. Nas minas de ouro, as mulheres manuseiam mercúrio e cianeto com as próprias mãos. As mulheres têm de trabalhar para além do horário de trabalho, mesmo em fases avançadas da gravidez, e não têm direito a férias. Em algumas pedreiras de Orissa, as mulheres têm de trabalhar de noite e são vítimas de abusos sexuais. O VIH/SIDA, outras doenças sexualmente transmissíveis, problemas respiratórios, silicose, tuberculose, leucemia, artrite e problemas reprodutivos são mais frequentes entre as mulheres que trabalham nas minas.

Em 2005, pela primeira vez, a agricultura deixou de ser o principal sector de emprego das mulheres e esta tendência manteve-se em 2006. O sector dos serviços é agora o que proporciona mais emprego às mulheres. Do total de mulheres empregadas em 2006, 40,4 por cento trabalham na agricultura e 42,4 por cento nos serviços.

Problemas recentes e ação governamental

O perigo mais grave que a classe trabalhadora enfrenta na era da globalização é a ameaça crescente à segurança do emprego. O sector informal está a expandir-se rapidamente, enquanto o sector organizado está a diminuir. Os empregos contratuais, casuais, temporários, a tempo parcial, à peça, o trabalho no domicílio, etc., estão a substituir cada vez mais os empregos permanentes. Para contornar a resistência às alterações à legislação laboral e dar aos empregadores a liberdade de "contratar e despedir" trabalhadores, os governos actuais estão a recorrer a várias medidas de bastidores. O governo da NDA introduziu o emprego a termo certo através de uma ordem administrativa, que continua sob o atual regime da UPA. As Zonas Económicas Especiais, que são áreas consideradas como estando fora do nosso território, estão a ser abertas em grande número por todo o país. Embora não exista qualquer disposição explícita no sentido de as leis laborais não serem aplicadas nestas zonas, na prática, nem sequer os comissários do trabalho são autorizados a entrar nestas zonas e os trabalhadores estão praticamente à mercê dos empregadores. Nem o governo central nem os governos estaduais intervêm para proteger os interesses dos trabalhadores. Os trabalhadores do sector informal, grande parte dos quais são mulheres, não têm segurança no emprego. O trabalho é frequentemente não qualificado ou pouco qualificado e mal pago. A disponibilidade de trabalho é irregular; quando há trabalho disponível, têm de trabalhar durante longas horas. No entanto, os governos em causa optam por ignorar este desrespeito aberto das leis laborais.

A Lei das Fábricas, a Lei das Minas, a Lei dos Trabalhadores das Docas, etc. são algumas das leis que contêm disposições para regular a saúde dos trabalhadores num estabelecimento. A Lei do Seguro do Estado dos Empregados e a Lei da Indemnização dos Trabalhadores proporcionam prestações de saúde e indemnizações aos trabalhadores em caso de doença e lesões, etc. Mas no sector não organizado, onde se concentra a maioria das trabalhadoras, não existem salvaguardas em matéria de segurança e saúde no trabalho. Mesmo no sector organizado, onde estas são aplicáveis, raramente são previstas salvaguardas para os trabalhadores, sejam eles homens ou mulheres. Normalmente, os dispositivos de segurança são concebidos tendo em conta os trabalhadores do sexo masculino e tornam-se inadequados para as trabalhadoras. Além disso, os aspectos sociais do trabalho não são considerados factores de risco. Consequentemente, é dada mais ênfase aos acidentes de trabalho do que às doenças.

Necessidade do estudo

A mão de obra feminina constitui um terço da força de trabalho na Índia. As mulheres trabalhadoras enfrentam graves problemas e constrangimentos relacionados com o trabalho, tais como a falta de continuidade, a insegurança, a discriminação salarial, relações de trabalho pouco saudáveis, ausência de cuidados médicos e de acidentes, etc. A exploração das mulheres trabalhadoras no nosso país ocorre tanto a nível horizontal como vertical. Chegou o momento de abordar as questões e discutir o tipo de reformas políticas e de mudanças institucionais necessárias para a emancipação e a capacitação da força de trabalho feminina. A capacitação deve ter como objetivo mudar a natureza e a direção das estruturas de poder que marginalizam as mulheres trabalhadoras. Por conseguinte, é necessário estudar as questões relativas às mulheres no sector não organizado.

Metodologia de investigação

Objectivos do estudo

Objetivo geral

O objetivo do estudo é estudar a situação das mulheres marginalizadas no sector não organizado no distrito de Guntur, em Andhra Pradesh.

Objectivos específicos

1. Compreender o perfil geral dos inquiridos na área de estudo.

2. Conhecer a situação socioeconómica das mulheres marginalizadas do sector não organizado na área de estudo.

3. Conhecer as condições de trabalho das mulheres marginalizadas no sector não organizado na área de estudo.

Natureza e âmbito do estudo

O presente estudo é de natureza empírica e foram recolhidos dados primários e secundários. Os dados primários foram recolhidos através de um programa de entrevistas estruturado e auto-construído. Os dados secundários foram recolhidos de livros, revistas, relatórios governamentais, jornais e fontes da Internet. Os inquiridos para o estudo são mulheres da comunidade marginalizada, nomeadamente mulheres de castas marcadas, mulheres de tribos marcadas e mulheres da classe mais atrasada do sector não organizado, com especial referência ao sector da construção, ao sector doméstico e ao sector agrícola no distrito de Guntur, em Andhra Pradesh.

Conceção da investigação

Foi adotado um modelo de investigação descritiva para o estudo, no qual são descritas as diferentes variáveis, tais como a situação social e económica das mulheres marginalizadas no sector não organizado (sector da construção, sector doméstico e sector agrícola). **Desenho da amostragem**

Os dados primários foram recolhidos junto de 150 trabalhadoras dos grupos marginalizados, nomeadamente as Castas Registadas, as Tribos Registadas e as Classes Mais Recuadas que trabalham no sector não organizado (Sector da Construção, Sector Doméstico e Sector Agrícola) no distrito de Guntur, em Andhra Pradesh, utilizando um modelo de amostragem intencional.

Ferramentas para o estudo

Para o estudo, foram utilizados dados primários e secundários. Para obter as informações necessárias, foi utilizado um guião de entrevista estruturado composto por 66 perguntas. O programa de entrevistas era composto por quatro partes, a primeira das quais continha informações sobre o perfil geral dos inquiridos, a segunda parte sobre a situação social dos inquiridos, a terceira parte sobre a situação económica dos inquiridos e a quarta parte sobre as condições de trabalho dos inquiridos. As perguntas eram do tipo "sim/não".

Análise e interpretação de dados

A análise dos dados é considerada uma etapa importante e o coração da investigação em qualquer trabalho de investigação. Após a recolha de dados com a ajuda de ferramentas e técnicas relevantes, o passo lógico seguinte é analisar e interpretar os dados com vista a chegar a uma solução empírica para o problema. A análise dos dados para a presente investigação foi efectuada quantitativamente. Esta secção apresenta os detalhes sobre o perfil demográfico dos inquiridos e o estatuto social, a situação económica e as condições de trabalho das mulheres marginalizadas no sector não organizado, nomeadamente no sector da construção, no sector doméstico e no sector agrícola no distrito de Guntur, em Andhra Pradesh. Foi feita uma análise e interpretação sistemática significativa para descobrir a situação social, a situação económica e as condições de trabalho destas mulheres. Os dados foram analisados após a recolha na área de estudo escolhida para o efeito. A análise resume uma grande massa de dados numa forma pequena, compreensível e significativa. A análise significa o cálculo de certas medidas juntamente com a procura de padrões de relação existentes entre grupos de dados. Trata-se de um exame crítico dos dados reunidos para estudar as características do objeto de estudo e para determinar os padrões de relação entre as variáveis que lhe dizem respeito. A interpretação refere-se à tarefa de tirar conclusões dos factos recolhidos após um estudo analítico ou experimental. De facto, trata-se de uma procura de um significado mais amplo dos resultados da investigação. A tarefa da interpretação é o esforço para estabelecer uma continuidade na pesquisa através da ligação dos resultados de um determinado estudo com os de outro e do estabelecimento de alguns conceitos explicativos. A análise e a interpretação desempenham um papel importante no processo de investigação. Através desta análise e interpretação, o investigador fez a interpretação nesta secção utilizando quadros significativos. O investigador utilizou um instrumento de investigação quantitativa. As percentagens são calculadas e apresentadas a seguir para dar uma ideia das várias questões em estudo. A análise e a interpretação dos dados foram feitas com base em quatro secções. A primeira secção apresenta o perfil geral dos inquiridos, a segunda secção a situação social dos inquiridos, a terceira a situação económica dos inquiridos e a quarta secção as condições de trabalho dos inquiridos.

I. Perfil geral

Estado civil

	Frequência	Percentagem
Casado	140	93.3
Solteiro	10	6.7
Total	150	100.0

A distribuição do estado civil dos inquiridos revelou que uma proporção esmagadora deles (93%) é casada, enquanto os restantes 6,7% são solteiros.

Idade

	Frequência	Percentagem
20-25 anos	25	16.7
26-30 anos	43	28.7
31-35 anos	56	37.3
36-40 anos	26	17.3
Total	150	100.0

A distribuição etária dos inquiridos sugere que a maioria deles (37,3%) se encontra no grupo etário dos 31-35 anos, 28,7% entre 26-30 anos, 17,3% entre 3640 anos e os restantes 16,7% no grupo etário dos 20-25 anos.

Religião

	Frequência	Percentagem

Hindus	114	76.0
cristão	36	24.0
Total	150	100.0

A distribuição por religião dos inquiridos sugere que mais de três quartos deles, 76,0%, são hindus, enquanto os restantes 24% são cristãos.

Casta

	Frequência	Percentagem
SC	51	34.0
ST	51	34.0
BC	48	32.0
Total	150	100.0

A distribuição por castas dos inquiridos revelou que uma proporção igual (34%) pertence às castas S.C. e S.T., enquanto os restantes 32% pertencem à comunidade B.C.

Rendimento mensal

	Frequência	Percentagem
Rs.5,000/- a 10,000/-	109	72.7
Rs.10,000/- a 15,000/-	41	27.3
Total	150	100.0

Cerca de três quartos (72,7%) do seu rendimento mensal variava entre 5 000 e 10 000 rupias e os restantes 27,3% entre 10 000 e 15 000 rupias.

Nível de escolaridade

	Frequência	Percentagem
Licenciado	3	2.0
S.S.C.	26	17.3
Primário Educação	37	24.7
Alfabetizado	18	12.0
Analfabeto	66	44.0
Total	150	100.0

O nível de instrução dos inquiridos sugere que a maioria deles (44%) é analfabeta, 24,7% têm o ensino primário, 17,3% estudaram até ao S.S.C., 12% são alfabetizados e uma proporção muito insignificante (2%) são licenciados.

Tipo de sector

	Frequência	Percentagem
Sector agrícola	50	33.3
Sector da construção	50	33.3
Sector doméstico	50	33.3
Total	150	100.0

A distribuição setorial dos inquiridos revelou que uma proporção igual de inquiridos (33,3%) pertencia ao sector agrícola, ao sector da construção e ao sector doméstico, de modo a obter uma representação igual dos vários sectores.

Tipo de cartão de racionamento

	Frequência	Percentagem
Cartão cor-de-rosa	2	1.3
Branco Cartão	144	96.0
Sem cartão	4	2.7
Total	150	100.0

Uma proporção esmagadora dos inquiridos (96%) tinha cartão branco, 2,7% não tinha cartão de racionamento e os restantes 1,3% tinham cartão cor-de-rosa.

II. Estatuto social

Relação com os membros da família

	Frequência	Percentagem
Sim	133	88.7
Não	17	11.3
Total	150	100.0

Mais de três quartos dos inquiridos (88,7%) afirmaram que mantêm uma boa relação com os membros da família, enquanto os restantes 11,3% não mantêm uma boa relação com a família.

Relação com os vizinhos

	Frequência	Percentagem

	Frequência	Percentagem
Sim	133	88.7
Não	17	11.3
Total	150	100.0

Mais de três quartos dos inquiridos (88,7%) afirmaram que mantêm uma boa relação com os vizinhos, enquanto os restantes 11,3% não mantêm uma boa relação com os seus vizinhos.

Relação com a entidade patronal

	Frequência	Percentagem
Sim	125	83.3
Não	25	16.7
Total	150	100.0

Mais de três quartos dos inquiridos (83,3%) afirmaram que mantêm uma boa relação com o empregador, enquanto os restantes 16,7% não mantêm uma boa relação com o empregador.

Relação com os colegas

	Frequência	Percentagem
Sim	116	77.3
Não	34	22.7
Total	150	100.0

Mais de três quartos dos inquiridos (77,3%) afirmaram que mantêm boas relações com os colegas, enquanto os restantes 22,7% não mantêm boas relações com o empregador.

Encontrar um equilíbrio entre a vida familiar e a vida profissional

	Frequência	Percentagem
Sim	81	54.0
Não	69	46.0
Total	150	100.0

Mais de metade dos inquiridos (54%) afirmaram que conseguem encontrar um equilíbrio entre a vida familiar e a vida profissional, enquanto os restantes 46% afirmaram que não conseguem encontrar um equilíbrio entre a vida familiar e a vida profissional.

Estigma e discriminação no bairro

	Frequência	Percentagem
Sim	59	39.3
Não	91	60.7
Total	150	100.0

A maioria dos inquiridos (60,7%) opinou que não sofre qualquer estigma e discriminação no bairro, enquanto os restantes 39,3% sofrem de estigma e discriminação no bairro.

Discriminação com base no género

	Frequência	Percentagem
Sim	47	31.3
Não	103	68.7
Total	150	100.0

A maioria dos inquiridos (68,7%) não sofre qualquer discriminação com base no género, enquanto 31,3% sofrem discriminação com base no género.

Discriminação com base na casta

	Frequência	Percentagem
Sim	37	24.7
Não	113	75.3
Total	150	100.0

Três quartos dos inquiridos (75,3%) não são vítimas de qualquer discriminação com base na casta, enquanto 24,7% são vítimas de discriminação com base na casta.

Discriminação com base na classe

	Frequência	Percentagem
Sim	40	26.7
Não	110	73.3
Total	150	100.0

Quase três quartos dos inquiridos (73,3%) não sofrem qualquer discriminação com base na classe, enquanto 26,7% sofrem discriminação com base na classe.

Ter um bom estatuto na sociedade

	Frequência	Percentagem
Sim	61	40.7
Não	89	59.3
Total	150	100.0

A maioria dos inquiridos (59,3%) opinou que não goza de um bom estatuto na sociedade, enquanto os restantes 40,7% gozam de um bom estatuto na sociedade.

Abuso verbal no local de trabalho

	Frequência	Percentagem
Sim	55	36.7
Não	95	63.3
Total	150	100.0

A maioria dos inquiridos (63,3%) afirmou que não sofre abuso verbal no local de trabalho, enquanto os restantes 36,7% sofrem abuso verbal no local de trabalho.

Abuso físico no local de trabalho

	Frequência	Percentagem
Sim	53	35.3
Não	97	64.7
Total	150	100.0

A maioria dos inquiridos (64,7%) afirmou que não sofre maus-tratos físicos no local de trabalho, enquanto os restantes 35,3% sofrem maus-tratos físicos no local de trabalho.

Abuso sexual no seu lugar

	Frequência	Percentagem
Sim	49	32.7
Não	101	67.3
Total	150	100.0

A maioria dos inquiridos (67,3%) afirmou que não sofre abuso sexual no local de trabalho, enquanto os restantes 32,7% sofrem abuso sexual no local de trabalho.

Confortável com a natureza do trabalho

	Frequência	Percentagem
Sim	102	68.0
Não	48	32.0
Total	150	100.0

A maioria dos inquiridos (68%) afirmou que se sente confortável com a natureza do trabalho, enquanto os restantes 32% não se sentem confortáveis com a natureza do trabalho.

Reconhecimento da família pela contribuição

	Frequência	Percentagem
Sim	86	57.3
Não	64	42.7
Total	150	100.0

Mais de metade dos inquiridos (57,3%) afirmou que a sua família reconhece o seu contributo, enquanto os restantes 42,7% disseram que a sua família não reconhece o seu contributo.

III. Situação económica

Se o estatuto económico é bom?

	Frequência	Percentagem
Sim	84	56.0

Não	66	44.0
Total	150	100.0

Mais de metade dos inquiridos (56%) considera que a sua situação económica é boa enquanto os restantes 44% não gozam de uma boa situação económica.

Dois ou mais Número de membros com rendimentos

	Frequência	Percentagem
Sim	60	40.0
Não	90	60.0
Total	150	100.0

A maioria dos inquiridos (60%) revelou que não existem dois ou mais membros com rendimentos nas suas famílias, o que significa que são o único membro com rendimentos a tentar pagar as duas despesas, enquanto os restantes 40% disseram que existem dois ou mais membros com rendimentos nas suas famílias.

Casa própria

	Frequência	Percentagem
Sim	89	59.3
Não	61	40.7
Total	150	100.0

A maioria dos inquiridos (59,3%) afirmou ser proprietária de uma casa, enquanto os restantes

40,7% não têm casa própria.

Posse de activos

Tem bens como um terreno ou um veículo?

	Frequência	Percentagem
Sim	33	22.0
Não	117	78.0
Total	150	100.0

Mais de três quartos dos inquiridos (78%) não possuem bens como terrenos ou veículos, enquanto uma pequena percentagem (22%) possui bens.

Ganhar um salário fixo

	Frequência	Percentagem
Sim	32	21.3
Não	118	78.7
Total	150	100.0

Mais de três quartos dos inquiridos (78,7%) afirmaram que não recebem qualquer salário fixo, enquanto os restantes 21,3% disseram que recebem um salário fixo.

Ganhos adequados

	Frequência	Percentagem
Sim	27	18.0
Não	123	82.0
Total	150	100.0

Uma proporção esmagadora dos inquiridos (82%) expressou que os seus rendimentos não são adequados, enquanto uma pequena proporção dos inquiridos (18%) afirmou que os seus rendimentos são adequados.

Ganhar um salário baixo

	Frequência	Percentagem
Sim	104	69.3
Não	46	30.7
Total	150	100.0

A maioria dos inquiridos (69,3%) afirmou que aufere um salário baixo, enquanto os restantes 30,7% afirmaram que não auferem um salário baixo.

Pagamentos de salários atempados

	Frequência	Percentagem
Sim	83	55.3
Não	67	44.7
Total	150	100.0

Mais de metade dos inquiridos (55,3%) afirmou que recebe os pagamentos dos salários atempadamente, enquanto os restantes 44,7% não recebem os pagamentos dos salários atempadamente.

Segurança no emprego

	Frequência	Percentagem
Sim	47	31.3
Não	103	68.7
Total	150	100.0

A maioria dos inquiridos (68,7%) opinou que não tem segurança no emprego, enquanto os restantes 31,3% afirmaram ter segurança no emprego.

Satisfação com a situação económica

	Frequência	Percentagem
Sim	37	24.7
Não	113	75.3
Total	150	100.0

Mais de três quartos dos inquiridos (75,3%) manifestaram insatisfação em relação à sua situação económica, enquanto os restantes 24,7% estão satisfeitos com a sua situação económica.

Associação a um grupo de autoajuda

	Frequência	Percentagem
Sim	85	56.7
Não	65	43.3
Total	150	100.0

Mais de metade dos inquiridos (56,7%) são membros de grupos de autoajuda, enquanto os restantes 43,3% não são membros de grupos de autoajuda.

Outras poupanças

	Frequência	Percentagem
Sim	28	18.7
Não	122	81.3
Total	150	100.0

A grande maioria dos inquiridos (81,3%) não dispõe de outras poupanças, enquanto uma pequena percentagem (18,7%) dispõe de outras poupanças.

Seguros

	Frequência	Percentagem
Sim	17	11.3
Não	133	88.7
Total	150	100.0

A grande maioria dos inquiridos (88,7%) não tem seguro, enquanto uma pequena percentagem (11,3%) tem seguro.

Dívidas

	Frequência	Percentagem
Sim	74	49.3
Não	76	50.7
Total	150	100.0

Mais de metade dos inquiridos (50,7%) não tem dívidas, enquanto os restantes 49,3% têm dívidas.

Pedir dinheiro emprestado a prestamistas

	Frequência	Percentagem
Sim	90	60.0
Não	60	40.0
Total	150	100.0

A maioria dos inquiridos (60%) pede dinheiro emprestado a prestamistas, enquanto os restantes 40% afirmam que não pedem dinheiro emprestado a prestamistas.

Obtenção de empréstimos bancários

	Frequência	Percentagem
Sim	65	43.3
Não	85	56.7
Total	150	100.0

Mais de metade dos inquiridos (56,7%) não recorre a empréstimos bancários, enquanto os restantes 43,3% recorrem a empréstimos bancários.

Estabilidade financeira

	Frequência	Percentagem
Sim	53	35.3
Não	97	64.7
Total	150	100.0

A maioria dos inquiridos, 64,7%, considera que não tem estabilidade financeira, enquanto os restantes 35,3% afirmam que têm estabilidade financeira.

IV. Condições de trabalho

Condições de trabalho perigosas

	Frequência	Percentagem
Sim	51	34.0
Não	99	66.0
Total	150	100.0

A maioria dos inquiridos (66%) afirmou que não trabalha em condições de risco, enquanto os restantes 34% consideraram que trabalham em condições de risco.

Protegido por qualquer legislação laboral

	Frequência	Percentagem
Sim	15	10.0
Não	135	90.0
Total	150	100.0

Uma proporção esmagadora dos inquiridos (90%) considera que não está protegida por qualquer legislação laboral, enquanto os restantes (10%) consideram que estão protegidos por essa legislação.

Funcionamento do Sindicato dos Trabalhadores do Comércio

	Frequência	Percentagem
Sim	23	15.3
Não	127	84.7
Total	150	100.0

A grande maioria dos inquiridos (84,7%) expressou preocupação por não haver nenhum sindicato ou sindicato a trabalhar para a sua causa, enquanto os restantes 15,3% opinaram que os sindicatos estão a trabalhar para eles.

Férias pagas

	Frequência	Percentagem
Sim	22	14.7
Não	128	85.3
Total	150	100.0

A grande maioria dos inquiridos (85,3%) afirmou não ter férias pagas, enquanto os restantes 14,7% afirmaram ter férias pagas.

Licença por doença

	Frequência	Percentagem
Sim	48	32.0
Não	102	68.0
Total	150	100.0

A maioria dos inquiridos (68%) afirmou que não tem baixa por doença, enquanto os restantes 32% disseram que têm baixa por doença.

Férias anuais

	Frequência	Percentagem
Sim	27	18.0
Não	123	82.0
Total	150	100.0

A grande maioria dos inquiridos (82%) afirmou que não tem férias anuais, enquanto os restantes 18% disseram que têm férias anuais.

Prestações da segurança social

	Frequência	Percentagem
Sim	29	19.3
Não	121	80.7
Total	150	100.0

A maior parte dos inquiridos (80,7%) afirmou não ter prestações de segurança social, enquanto uma pequena parte (19,3%) afirmou ter prestações de segurança social.

Incentivos para fazer um bom trabalho

	Frequência	Percenta gem
Sim	43	28.7
Não	107	71.3
Total	150	100.0

A maioria dos inquiridos, 71,3%, considera que não recebe incentivos para fazer um bom trabalho, enquanto os restantes 28,7% afirmam que recebem incentivos para fazer um bom trabalho.

Incremento anual

	Frequência	Percenta gem
Sim	27	18.0
Não	123	82.0
Total	150	100.0

A grande maioria dos inquiridos (82%) afirmou que não recebe qualquer aumento anual, enquanto uma pequena percentagem (18%) disse que recebe um aumento anual.

Subsídio de maternidade

	Frequência	Percenta gem
Sim	20	13.3
Não	130	86.7
Total	150	100.0

A maior parte das inquiridas (86,7%) manifestou preocupação por não receber o subsídio de maternidade, enquanto as restantes 13,3% afirmaram estar a receber o subsídio de maternidade.

Instalações de cuidados infantis

	Frequência	Percentagem
Sim	32	21.3
Não	118	78.7
Total	150	100.0

Mais de três quartos (78,7%) afirmaram não dispor de estruturas de acolhimento de crianças, enquanto os restantes 21,3% disseram dispor de estruturas de acolhimento de crianças.

Sensibilização para os riscos no local de trabalho

	Frequência	Percentagem
Sim	49	32.7
Não	101	67.3
Total	150	100.0

A maior parte dos inquiridos (67,3%) afirmou não ter consciência dos riscos no local de trabalho, enquanto os restantes 32,7% têm consciência dos riscos no local de trabalho.

Área de estar próxima da área de trabalho

	Frequência	Percentagem
Sim	80	53.3
Não	70	46.7

	Frequência	Percentagem
Total	150	100.0

Mais de metade dos inquiridos (53,3%) vive perto da zona de trabalho, enquanto os restantes 46,7% vivem em locais distantes.

Proteção social

	Frequência	Percentagem
Sim	66	44.0
Não	84	56.0
Total	150	100.0

Mais de metade dos inquiridos (56%) afirmou não ter qualquer proteção social, enquanto os restantes 44% afirmaram ter proteção social.

Contratado por terceiros

	Frequência	Percentagem
Sim	69	46.0
Não	81	54.0
Total	150	100.0

Mais de metade dos inquiridos (54%) afirmaram que não foram contratados por terceiros, enquanto os restantes 46% afirmaram que foram contratados por terceiros.

Exploração pelo corretor

	Frequência	Percentagem
Sim	85	56.7
Não	65	43.3

Total	150	100.0

Mais de metade dos inquiridos (56,7%) afirmaram que são explorados pelo corretor, enquanto os restantes 43,3% não são explorados pelo corretor.

A condição de trabalho como desvantagem

	Frequência	Percentagem
Sim	59	39.3
Não	91	60.7
Total	150	100.0

A maioria dos inquiridos (60,7%) não sente as condições de trabalho como um desvantagem, enquanto 39,3% consideram que a condição de trabalho é uma desvantagem.

Sentir maior isolamento no local de trabalho

	Frequência	Percentagem
Sim	60	40.0
Não	90	60.0
Total	150	100.0

Uma grande parte (60%) dos inquiridos considera que não está a sentir um maior isolamento no local de trabalho, enquanto os restantes 40% afirmam que estão a sentir um maior isolamento no local de trabalho.

Privacidade no local de trabalho

	Frequência	Percentagem

Sim	80	53.3
Não	70	46.7
Total	150	100.0

Mais de metade dos inquiridos (53,3%) afirmou que tem privacidade no local de trabalho, enquanto os outros 46,7% consideraram que não existe privacidade no local de trabalho.

Possibilidade de mobilidade no local de trabalho

	Frequência	Percentagem
Sim	72	48.0
Não	78	52.0
Total	150	100.0

Mais de metade dos inquiridos (52%) afirmaram que não há margem para a mobilidade no local de trabalho e 48% afirmaram que têm margem para a mobilidade no seu local de trabalho.

Horário de trabalho fixo

	Frequência	Percentagem
Sim	45	30.0
Não	105	70.0
Total	150	100.0

A maioria dos inquiridos (70%) manifestou preocupação por não ter horários de trabalho fixos, enquanto os restantes 30% afirmaram ter horários de trabalho fixos.

Questões de saúde

	Frequência	Percentagem
Sim	41	27.3
Não	109	72.7
Total	150	100.0

A maior parte dos inquiridos (72,7%) afirmou que não tem qualquer problema de saúde, enquanto os restantes 27,3% têm alguns problemas de saúde.

Riscos profissionais

	Frequência	Percentagem
Sim	72	48.0
Não	78	52.0
Total	150	100.0

Mais de metade dos inquiridos (52%) opinou que não correm quaisquer riscos profissionais, enquanto os restantes 48% correm riscos profissionais.

Prestação de serviços de segurança no trabalho

	Frequência	Percentagem
Sim	41	27.3
Não	109	72.7
Total	150	100.0

A maioria dos inquiridos (72,7%) manifestou a sua preocupação com o facto de não disporem de serviços de segurança no trabalho, enquanto uma pequena percentagem dos inquiridos (27,3%) afirmou dispor de serviços de segurança no trabalho.

Aplicação da legislação em matéria de saúde e segurança

	Frequência	Percentagem
Sim	13	8.7
Não	137	91.3
Total	150	100.0

Uma proporção esmagadora (91,3%) afirmou que não existem disposições para a aplicação da legislação em matéria de saúde e segurança, enquanto uma proporção negligenciável dos inquiridos (8,7%) afirmou que existem disposições para a aplicação da legislação em matéria de saúde e segurança.

Principais conclusões

I. Perfil geral

> A distribuição dos inquiridos em termos de estado civil revelou que uma proporção esmagadora deles (93%) é casada.

> A distribuição etária dos inquiridos sugere que a maioria deles (37,3%) se encontra no grupo etário dos 31-35 anos.

> A distribuição por religião dos inquiridos sugere que mais de três quartos deles, 76,0%, são hindus.

> A distribuição por castas dos inquiridos revelou que uma proporção igual (34%) pertence às castas S.C. e S.T..

> Quase três quartos (72,7%) do seu rendimento mensal variava entre 5 000 e 10 000 rupias.

> O nível de escolaridade dos inquiridos sugere que a maioria deles (44%) é analfabeta.

> A distribuição setorial dos inquiridos revelou que uma proporção igual de inquiridos (33,3%) pertencia ao sector agrícola, ao sector da construção e ao sector doméstico, de modo a obter uma representação igual dos vários sectores.

> Uma percentagem esmagadora dos inquiridos (96%) tinha cartão branco.

II. Estatuto social

> Mais de três quartos dos inquiridos (88,7%) afirmaram que mantêm uma boa relação com os membros da família.

> Mais de três quartos dos inquiridos (88,7%) afirmaram que mantêm boas relações com os vizinhos.

> Mais de três quartos dos inquiridos (83,3%) afirmaram que mantêm uma boa relação com o empregador.

> Mais de três quartos dos inquiridos (77,3%) afirmaram que mantêm boas relações

com os colegas, enquanto os restantes 22,7% não mantêm boas relações com o empregador.

> O estudo revelou que 46% dos inquiridos não conseguem encontrar um equilíbrio entre a vida familiar e a vida profissional.

> Os resultados revelaram que 39,3 % sofrem de estigma e discriminação na vizinhança.

> Os resultados do estudo sugerem que 31,3% dos inquiridos são vítimas de discriminação com base no género.

> Sendo a casta um aspeto importante da discriminação social na nossa sociedade, observou-se que 24,7% dos inquiridos são vítimas de discriminação com base na casta.

> A classe social também desempenhou um papel importante, como se verifica entre 26,7% dos inquiridos que foram vítimas de discriminação com base na classe social.

> A maioria dos inquiridos (59,3%) opinou que não tem um bom estatuto na sociedade.

> Os resultados revelaram que 36,7% foram vítimas de abuso verbal no local de trabalho.

> Verificou-se que 35,3% foram vítimas de maus tratos físicos no local de trabalho.

> Verificou-se ainda que 32,7% foram vítimas de abuso sexual no local de trabalho.

> No que se refere ao conforto no trabalho, 32% opinaram que não se sentem confortáveis com a natureza do trabalho.

> Mais de metade dos inquiridos (57,3%) expressou que a sua família reconhece a sua contribuição, o que é um sinal saudável.

III. Situação económica

> Mais de metade dos inquiridos (56%) considera que a sua situação económica é bom, o que é um bom indicador da capacitação económica das mulheres.

> A maioria dos inquiridos (60%) revelou que não existem dois ou mais membros

com rendimentos nas suas famílias, o que significa que são o único membro com rendimentos a tentar fazer face às duas despesas.

> A propriedade das mulheres, como a casa própria, é um aspeto importante para o seu empoderamento económico e observou-se que 40,7% não possuem casa própria.

> Mais de três quartos dos inquiridos (78%) não possuem bens como terrenos ou veículos.

> Mais de três quartos dos inquiridos (78,7%) afirmaram que não recebem qualquer salário fixo.

> Uma proporção esmagadora dos inquiridos (82%) expressou que os seus rendimentos não são adequados.

> A maioria dos inquiridos (69,3%) afirmou que aufere um salário baixo.

> Mais de metade dos inquiridos (55,3%) afirmou que recebe os pagamentos dos salários atempadamente, o que é um bom sinal.

> A maioria dos inquiridos (68,7%) opinou que não tem segurança no emprego.

> Mais de três quartos dos inquiridos (75,3%) manifestaram insatisfação em relação à sua situação económica.

> Mais de metade dos inquiridos (56,7%) são membros de grupos de autoajuda.

> A maior parte dos inquiridos (81,3%) não dispõe de outras poupanças.

> A grande maioria dos inquiridos (88,7%) não tem seguro.

> Mais de metade dos inquiridos (50,7%) não tem dívidas.

> A maioria dos inquiridos (60%) pede dinheiro emprestado a prestamistas.

> Mais de metade dos inquiridos (56,7%) não recorre a empréstimos bancários.

> A maioria dos inquiridos (64,7%) considera que não tem estabilidade financeira.

IV. Condições de trabalho

> A maioria dos inquiridos (66%) afirmou que não trabalha em condições perigosas.

> Uma percentagem esmagadora dos inquiridos (90%) considera que não está protegida por qualquer legislação laboral.

> A grande maioria dos inquiridos (84,7%) manifestou preocupação com o facto de nenhum sindicato ou associação laboral trabalhar para a sua causa.

> A grande maioria dos inquiridos (85,3%) afirmou não ter férias pagas.

> A maioria dos inquiridos (68%) afirmou que não tem baixa por doença.

> A grande maioria dos inquiridos (82%) afirmou que não tem férias anuais.

> A maior parte dos inquiridos (80,7%) afirmou não ter prestações de segurança social.

> A maioria dos inquiridos (71,3%) considera que não recebe quaisquer incentivos para fazer um bom trabalho.

> A grande maioria dos inquiridos (82%) afirmou que não recebe qualquer aumento anual.

> A maior parte das inquiridas (86,7%) manifestou preocupação por não receber o subsídio de maternidade.

> Mais de três quartos (78,7%) afirmaram não dispor de estruturas de acolhimento de crianças.

> A maior parte dos inquiridos (67,3%) afirmou não estar sensibilizada para os riscos no local de trabalho.

> Mais de metade dos inquiridos (53,3%) vive perto da zona de trabalho.

> Mais de metade dos inquiridos (56%) expressaram que não têm qualquer proteção social.

> Mais de metade dos inquiridos (54%) afirmaram que não foram contratados por terceiros.

> Mais de metade dos inquiridos (56,7%) afirmaram que são explorados pelo corretor.

> A maioria dos inquiridos (60,7%) não sente as condições de trabalho como uma desvantagem.

> Verificou-se que 40% dos inquiridos estão a sentir um maior isolamento no local de trabalho.

> Sendo a privacidade um aspeto importante na promoção da satisfação profissional, 46,7% consideram que não existe privacidade no local de trabalho.

> Mais de metade dos inquiridos (52%) afirmou que não existe qualquer possibilidade de mobilidade no local de trabalho.

> A maioria dos inquiridos (70%) manifestou preocupação com o facto de não ter um horário de trabalho fixo.

> Sendo a saúde um aspeto importante na vida profissional das mulheres, o estudo revelou que 27,3% estão a ter alguns problemas de saúde.

> Os riscos profissionais desempenham um papel importante na satisfação profissional, tendo-se verificado que 48% dos trabalhadores enfrentam riscos profissionais.

> A maioria dos inquiridos (72,7%) manifestou a sua preocupação com o facto de não lhe serem prestados serviços de segurança no trabalho.

> Uma percentagem esmagadora (91,3%) afirmou que não existem disposições para a aplicação da legislação em matéria de saúde e segurança.

Sugestões

1.   Uma vez que não existem leis laborais suficientes que protejam os interesses das mulheres trabalhadoras do sector não organizado, é necessário que sejam aprovadas no futuro. É necessária uma lei abrangente para proteger os direitos das mulheres trabalhadoras.

2.   Não existe segurança social para as mulheres trabalhadoras do sector não organizado, pelo que é necessário providenciá-la.

3.   Não há salários mínimos garantidos e é mais do que tempo de se fazer alguma coisa.

4.   As mulheres que trabalham no sector não organizado também enfrentam o problema do assédio no local de trabalho e precisam de ter segurança para poderem trabalhar pacificamente.

5.   Qualquer tipo de exploração das mulheres trabalhadoras deve ser evitado e devem ser tomadas medidas rigorosas contra os infractores.

6.   A baixa literacia entre eles é um dos factores que os torna vulneráveis e, por isso, o seu estatuto educacional tem de ser melhorado.

7.   Uma vez que as mulheres trabalhadoras não possuem competências, devem ser-lhes proporcionados programas de desenvolvimento de competências para melhorar o seu nível de competências.

8.   As mulheres trabalhadoras devem ser educadas e sensibilizadas para os seus direitos e para as disposições legislativas.

9.   É necessário sensibilizar as mulheres trabalhadoras para o apoio institucional de que dispõem para proteger os seus direitos.

10.   Em todos os sectores organizados, deve ser criada uma célula separada de queixas das mulheres, chefiada por uma mulher, e, no caso do sector não organizado, as mulheres devem formar grupos de autoajuda para sua proteção.

11.   Os baixos rendimentos, dos quais não se queixam, são uma das questões que

devem ser abordadas e, por conseguinte, a melhoria das suas condições económicas através do pagamento de salários decentes poderia ajudá-los.

12. Estas mulheres do sector não organizado também são vulneráveis a doenças e as suas necessidades de saúde também devem ser atendidas.

13. Os meios de comunicação social devem ser utilizados de forma eficaz para comunicar a mensagem social relativa à igualdade das mulheres.

14. Devem ser introduzidas as alterações necessárias na legislação laboral em vigor, a fim de proteger as mulheres trabalhadoras do sector não organizado.

15. Deveria haver uma regulamentação adequada do sector não organizado que garantisse a segurança do emprego, um ambiente de trabalho saudável e, pelo menos, salários mínimos, benefícios de maternidade e de cuidados infantis.

Conclusão

Na Índia, cerca de trinta milhões de pessoas trabalham no sector não organizado e este número está a aumentar. O significado de sector não organizado, popularmente conhecido como sector desprotegido, pode ser sem fonte regular de rendimento e a trabalhar durante todo o ano. Constituem a periferia da sociedade e não têm oportunidade de fazer parte da economia dominante. O presente estudo, baseado em fontes de dados primárias e secundárias, revela que não existe um sistema de proteção jurídica, que a responsabilidade de ter e criar os filhos continua a ser das mulheres trabalhadoras e que não existe grande ajuda por parte do governo e do quadro jurídico do país. A segurança social e o desenvolvimento humano sustentado dos trabalhadores do sector não organizado são grandes pontos de interrogação. Uma grande percentagem inclui trabalhadores migrantes. Rendas e despesas de subsistência elevadas, salários baixos e irregulares, salários desiguais para trabalhadores masculinos e femininos, não pagamento de horas extraordinárias, horas de trabalho diárias normalizadas, feriados e aviso prévio de despedimento constituem algumas das suas dificuldades. As trabalhadoras enfrentam problemas como a dependência de agiotas, a falta de dignidade, o atraso nos pagamentos, o subemprego, a violência contra os trabalhadores, a opressão e os maus tratos por parte das autoridades locais. As más relações entre empregadores e empregados, a discriminação no trabalho, o assédio sexual, a falta de cuidados médicos e a negação de benefícios terminais, a tortura e as más condições de trabalho são o reflexo da situação comum dos trabalhadores em quase todas as esferas deste sector. É necessária mais investigação nesta área para sugerir soluções práticas para os problemas existentes e para questões como a segurança social e o impacto positivo dos sindicatos e das leis laborais nos trabalhadores.

Referências

1 . Abraham, V, (2009), "Employment Growth in Rural India: Distress Driven? " Economic and Political Weekly, Vol. 44, No. 16.

2 . Amit Kundu (2008) Conditions of Work and Rights of The Female Domestic Workers of Kolkata, Munich Personal RePEc Archive, março de 2008, págs. 2-4.

3 . Babu P. Remesh (2012) Rethinking Social Protection for India's Working Poor in the Unorganized Sector, págs. 3-4.

4 . Bhalla, S. e Kaur, R. (2011), "Labour Force Participation of Women in India: Some Facts, Some Queries", Documento de Trabalho 40, London School of Economics, Asia Research Centre.

5 . Bino Paul G D, Susanta Datta, Venkatesha Murthy R (2011) Working and Living Conditions of Mumbai Women Domestic Workers: Evidence from Mumbai, Adecco TISS Labour Market Research Initiatives (ATLMRI), Discussion Paper-13, julho de 2011, pgs 3-5.

6 . Bharat Jyoti (2008), Report on Socio-economic Status of The Women Domestic Workers (Relatório sobre a situação socioeconómica das mulheres trabalhadoras domésticas), Ministério da WCD, págs. 11-13.

7 . Bonner, Chris e Françoise Carré. Global Networking: Os Trabalhadores Informais Constroem Solidariedade, Poder e Representação através de Redes e Alianças.

8 . Das, P, (2012), "Wage Inequality in India: Decomposition by Sector, Gender and Activity Status", Economic and Political Weekly, Vol. 47, No. 50.

9 . Debdulal Saha (2008) Conditions of Decent Working Life of street Vendors in Mumbai, págs. 1-9.

10 Dev, S. Mahendra, (2007), "Inclusive Growth in India: Agriculture, Poverty, and Human Development", Oxford University Press, New Delhi.

11 Dileep Kumar M. (2012) Inimitable Issues of Construction Workers: Case Study,

British Journal of Economics, Finance and Management Sciences, Vol. 7 (2), April 2013, pgs 42-43.

12   Geetha K.T. (2010), Women in Informal Sector-A Case Study, IJBEMR, Volume- 1, Issue-2, dezembro de 2010, pgs 23-26.

13   Goldsmith, Mary. 2013. Negociação colectiva e trabalhadores domésticos no Uruguai I en espanol

14   Governo da Índia, (2011), "India Human Development Report: Towards Social Inclusion", Instituto de Investigação de Mão-de-Obra Aplicada, Comissão de Planeamento, Governo da Índia.

15   Governo da Índia, (2013), "Low Female Employment in a Period of High Growth: Insights from Primary Survey in Uttar Pradesh and Gujarat", IAMR Report No. 9/2013, Institute of Applied Manpower Research, Planning Commission, Government of India.

16   Governo da Índia, (2014), "Critical Assessment of Labour Laws, Policies and Practices Through Gender Lens", Ministério da Mulher e do Desenvolvimento Infantil, Índia.

17   Gregory Gaines, Jordan Head, Matthew Mokey, Amy Potemski, Michael Stepansky, Amy Vance (2006) Working Conditions of Domestic Workers in Online International Interdisciplinary Research Journal, {Bi-Monthly}, ISSN2249- 9598, Volume-IV, Issue-II, Mar-Abr 2014 Montgomery Country,Maryland,Report of George Washington University School of Public Policy, pgs 2-7.

18   Himanshu, (2011), "Employment Trends in India: A Re-examination", Economic and Political Weekly, Vol. 46, No. 37.

19   Indrajit Bairagya (2009), Measuring the Informal Economy in Developing Countries, págs. 1-5.

20   Kabita Das, B.K Das, Subhransubala Mohanty (2012), Segurança social no sector informal: A Myth,Odisha Review, Sept.2012,pgs 60-61

21   Kelkar, (2009), "Implications of National Rural Employment Guarantee for

Women's Agency and Productivity", documento apresentado na Conferência FAO-OIT-IFAD: Moving Out ofPoverty, 31 de março - 2 de abril, Roma.

22   .(2011), "Gender and Productive Assets: Implications for Women's Economic Security and Poverty", Economic & Political Weekly, Vol. 46, No.23.

23   Kurian, N. J., (2007), "Widening Economic and Social Disparities: Implication for India", Indian Journal ofMedicine Research, Vol. 126, No.1.

24   Masood, T. e I. Ahmad, (2009), "An Econometric Analysis of Inter-state Variations in Women's Labour Force Participation in India", MPRA Paper No. 19297, Munich Personal RePEc Archive.13. Mehrotra, et al, (2014), "Explaining Employment Trends in the Indian Economy: 1993-94 to 2011-12", Economic and Political Weekly, Vol. 49, No. 32.

25   Mather, Celia. 2014. *Sim, nós fizemos isso!* Como os trabalhadores domésticos do mundo conquistaram seus direitos e reconhecimento internacional | en espanol

26   Musooka Moses Kimera (2010), Regard for Workers' Dignity: A Remedy To the Poor Conditions of Workers in Wakiso Town: Wakiso District, pgs 1-3.

27   Comissão Nacional para as Mulheres, (2005), "Impact of WTO on Women in Agriculture", Research Foundation Science & Technology, Nova Deli.

28   Neetha, N, (2014), "Crisis in Female Employment: Analysis Across Social Groups", Economic and Political Weekly, Vol. 49, No. 47.

29   Padhi, K, (2007), "Agricultural Labour in India - A Close Look", Orissa Review, fevereiro-março, 2007.

30   Piu Mukherjee, Bino G D Paul, J.I Pathan (2009), Migrant Workers in Informal Sector: A Probe into Working Conditions, ATLMRI Discussion Paper Series, Discussion Paper 9, pgs1-5.

31   Preet Rustagi, Priyanka Srivastave, Preeti Bhardwaj, Manojit Saha, Anju Vyas, Madhu Shree(2003), Survey of Studies on Beedi Industry with Special Enphasis on Women and Child Labour, pgs 9-16.

32   D.Rajasekhar, Suchitra J.Y. (2006) Employment Security for The Unorganized Sector Workers in Karnataka, Working Paper, Institute for Social and Economic Change,2006,pgs 1-3.20. Saima Nazir (2008) Socio-economic Conditions of Females Domestic Workers Before and After Migration in Faisalabad City, pgs 19-23.

33   Relatório sobre as condições de trabalho e a promoção dos meios de subsistência no sector não organizado (Relatório do Comité Arjun SenGupta) (pela Comissão Nacional para as Empresas do Sector Não Organizado - NCEUS), 2007.

34   . Relatório da Comissão de Estudos do Sector Desorganizado, fevereiro de 2012

35   Sankaran, K. & R Madhav, (2011), "Gender Equality and Social Dialogue in India", Documento de Trabalho 1/2011, Organização Internacional do Trabalho, Genebra.

36   Santosh Nandal (2004), Women Workers in Unorganized Sector: A study on construction industry in Haryana, International Journal of Development Issue, Volume 5 No.2 (2006) ,pgs 119-120.

37   Sengupta, A. & P. Das, (2014), "Gender Wage Discrimination Across Social and Religious Groups in India: Estimates with Unit Level Data", Economic and Political Weekly, Vol. 49, No. 21.

38   Sophorn Tous, Noun Veasna (2009) Study on Living and Working Conditions of Domestic Workers in Cambodia, Relatório da OIT, págs. 3-5.

39   Srivastava, N. & Srivastava R, (2010), "Women, Work, and Employment Outcomes in Rural India", Economic and Political Weekly, Vol. 45, No. 28.

40   Thomas, J. J., (2012), "India's Labour Market During the 2000s: Surveying the Changes", Economic and Political Weekly, Vol. 47, No. 51.

41   Tinu K. Mathew (2008), Role of Social Movements in Organizing The Unorganized Sector Workers: Um estudo de caso da LEARN, Dharavi, págs. 16-19

42   Vandana Dave (2012) Women Workers in Unorganized Sector, Women's Link, Volume 18,No.3,julho-setembro 2012,pgs 9-12.

43   Vijya Kumar Sodadas (2011), Unorganized Sector in IndiaWorking and Living Conditions of Stone Quarry Workers, pgs 38-40.

Horário da entrevista

I. Perfil geral

1. Nome:

2. Estado civil: IMarido 2.Solteiro

3. Idade: 1.20-25 2.26-30 3.31-35 4.36-40

4. Religião: 1. hindus 2. cristãos 3. muçulmanos

5. Casta: 1.S.C. 2.S.T. 3.B.C.

6. Rendimento mensal: 1.5, 000/ - 10,000/- 2. 10,000/- - 15,000/- 3. 15,000/- - 20,000/4.20,000/- -25,000/

7. Estatuto académico: 1. Licenciado 2. Aprovado no S.S.C. 3. Ensino primário 4. Alfabetizado

5. analfabetos

8. Tipo de sector: 1. sector agrícola 2. Sector da construção 3. Sector doméstico

9. Tipo de cartão de racionamento que possui 1. Cartão cor-de-rosa 2. Cartão branco

II. Estatuto social

1. A sua relação com os membros da família é boa? Sim/Não

2. A sua relação com os vizinhos é boa? Sim/Não

3. A sua relação com o empregador é boa? Sim/Não

4. A sua relação com os colegas é boa? Sim/Não

5. Consegue encontrar um equilíbrio entre a vida familiar e a vida profissional A sua relação com o empregador é boa? Sim/Não

6. É vítima de estigma e discriminação no seu bairro? Sim/Não

7. É vítima de discriminação com base no género? Sim/Não

8. É vítima de discriminação com base na casta? Sim/Não

9. É vítima de discriminação com base na classe social? Sim/Não

10. Sente que tem um bom estatuto na sociedade? Sim/Não

11. Foi vítima de abuso verbal no seu local de trabalho? Sim/Não

12. Foi vítima de maus tratos físicos no seu local de trabalho? Sim/Não

13. Foi vítima de abuso sexual no seu local de trabalho? Sim/Não

14. Sente-se confortável com a natureza do trabalho que está a fazer? Sim/Não

15. A sua família reconhece o seu contributo? Sim/Não

III. Situação económica

1. A sua situação económica é boa? Sim/Não

2. Há dois ou mais membros com rendimentos na sua família? Sim/Não

3. Vive em casa própria? Sim/Não

4. Tem bens como terrenos ou veículos? Sim/Não

5. Tem algum salário fixo? Sim/Não

6. Considera que os seus rendimentos são suficientes? Sim/Não

7. Sente que está a receber um salário baixo? Sim/Não

8. Os seus pagamentos de salários são efectuados atempadamente? Sim/Não

9. Existe segurança no emprego para si? Sim/Não

10. Está satisfeito com a sua situação económica? Sim/Não

11. É membro de algum grupo de autoajuda? Sim/Não

12. Tem outras poupanças? Sim/Não

13. Tem algum seguro efectuado? Sim/Não

14. Tem dívidas? Sim/Não

15. Se necessário, pede dinheiro emprestado a algum prestamista? Sim/Não

16. Em caso de necessidade de dinheiro, recorre a empréstimos bancários? Sim/Não

17. Considera que é financeiramente estável? Sim/Não

IV. Condições de trabalho

1. Considera que está a trabalhar em condições de trabalho perigosas? Sim/Não

2. Considera que está protegido por alguma legislação laboral? Sim/Não

3. Existe algum sindicato a trabalhar para proteger os seus interesses? Sim/Não

4. Tem férias pagas? Sim/Não

5. O seu empregador dá-lhe baixa por doença Sim/Não

6. O seu empregador concede-lhe férias anuais Sim/Não

7. A sua entidade patronal concede-lhe prestações de segurança social? Sim/Não

8. São-lhe dados incentivos para fazer um bom trabalho? Sim/Não

9. É-lhe atribuído um aumento anual? Sim/Não

1.15 Existe um subsídio de maternidade para si? Sim/Não

1.16 Existem estruturas de acolhimento de crianças disponíveis para si? Sim/Não

1.17 Tem conhecimento dos perigos no local de trabalho? Sim/Não

1.18 A sua área de habitação está próxima da área de trabalho? Sim/Não

1.19 Existe proteção social? Sim/Não

15 É contratado por terceiros? Sim/Não

16 Foi vítima de alguma exploração por parte do corretor? Sim /Não

17 Considera que a condição de trabalho é uma desvantagem? Sim/ Não

18 Sente-se mais isolado no seu local de trabalho? Sim/Não

19 Existe privacidade no seu local de trabalho? Sim/Não

20 Existe a possibilidade de mobilidade no seu local de trabalho? Sim/Não

21 Existe um horário de trabalho fixo? Sim/Não

22 Tem algum problema de saúde? Sim/Não

23 Está a enfrentar algum risco profissional? Sim/Não

24 O seu empregador presta serviços de segurança no trabalho Sim/Não

25 O seu empregador aplica a legislação em matéria de saúde e segurança Sim/Não

Biografia de DnSaraswati Raju Iyer

DnSaraswati Raju Iyer é Coordenadora e Professora Assistente do Departamento de Sociologia e Trabalho Social e Coordenadora do Centro de Responsabilidade Social Comunitária da Universidade Acharya Nagarjuna, Guntur, Andhra Pradesh, Índia. As suas habilitações literárias incluem M.S.W., M.A. (Sociologia), N.E.T., S.L.E.T., I.P.C., C.I.G., Ph.D. & D.Litt.(U.S.A). É também uma conselheira formada. Visitou os Estados Unidos da América em 2014 para apresentar uma comunicação; presidiu e apresentou uma comunicação numa conferência internacional no Nepal em 2012. Presidiu a sessões em **51** seminários internacionais e nacionais; apresentou **110** comunicações em conferências internacionais e nacionais; como pessoa de recurso deu sessões em **86** fóruns, deu **12** entrevistas na All India Radio. She is a recipient of Best Student of P.G.College of Social Work Award, Best Youth Award, The Best Citizens of India Award, The 2000 Outstanding Intellectuals of the 21st Century Award, Best Research Paper Award, Rajiv Gandhi Excellence Award, Eminent Teacher Award, Women of Distinction Award, Adarsh Vidya Saraswati Rashtriya Puruskar, Pride India Shiromani Puraskar - Women of Excellence National Award, The Best Talent Award in Teaching Field, Outstanding Woman Educator and Scholar Award, Dr.Abdul Kalam Life Time Achievement National Award, Dr.APJ Abdul Kalam Awards for Teaching Excellence-2017, Indian Icon - Top 50 Indians - 2017 Award e conquistou um lugar no Legend Book of Records, Champions Book of World

Produziu **9 doutoramentos** e **5** mestrados; concluiu o grande projeto de investigação da U.G.C. em 2011-2013 e o projeto de investigação do ICSSR em 2017. Editou **13** livros; serviu como revisor de revistas internacionais e nacionais; publicou **95** artigos em revistas internacionais e nacionais, foi autor de **71 capítulos** em livros de referência e contribuiu com **138** lições. Como coordenadora do Centro de Responsabilidade Social Comunitária, organizou mais de **50** programas e alcançou cerca de **5.000** pessoas. É membro de vários organismos profissionais e presta serviços de consultoria a várias organizações. É professora convidada na Escola de Planeamento e Arquitetura, Vijayawada; Faculdade de Arquitetura da Universidade Acharya Nagarjuna, Guntur e Instituto Nacional de Design, Vijayawada. Os seus interesses de investigação incluem aconselhamento psicológico, questões de género, VIH/SIDA, direitos da criança e deficiência.

Printed by Books on Demand GmbH, Norderstedt / Germany